40 Fastenrezepte aus der Natur

KRÄUTER, WALD- UND WIESENFRÜCHTE

benno

Brotsegen

~~~~~

Segne uns im Brechen des Brotes: Es teilt sich aus, um Hunger zu stillen.
Dass auch wir zu teilenden Menschen werden.
Segne uns mit dem Brot des Lebens, Jesus Christus, der sich hingibt,
dass wir das Leben in Fülle haben.

~~~~~

Vorwort

„Wunder stehen nicht im Gegensatz zur Natur, sondern nur im Gegensatz zu dem, was wir über die Natur wissen" (Hl. Augustin). Dieses Frühlings-Fastenrezepte-Buch lädt genau dazu ein: Die Wunder der Natur in Vorbereitung auf das Osterfest direkt vor der eigenen Tür in Wald und Wiese für ein gesundes Leben zu entdecken. Dabei sind die oft schon bekannten Wildkräuter wie Löwenzahn oder Kresse wahre Vitaminbomben und tun Leib und Seele nachhaltig gut.

Die Fastenzeit lädt gerade durch die Einfachheit und den Verzicht dazu ein, einmal den Blick wieder zurück nach innen zu werfen und Jesus zu suchen. Die 40 leichten Gerichte kommen mit wenig Fleisch oder Fisch aus und zeigen die Vielfalt, die in der ganzen Natur steckt.

Nehmen Sie sich Zeit, mit wenig Aufwand eine bewusste und ausgewogene Mahlzeit auf die Teller Ihrer Familie zu zaubern. Kurze Fastengebete vor und nach dem Essen zwischen den Rezepten laden dazu ein, das gemeinsames Essen wieder bewusst wertzuschätzen. In „40 Fastenrezepte aus der Natur" können Sie mehr als 20 heimische Wildkräuter und -früchte kennen-, sammeln und mit ihnen kochen lernen – und das ganz einfach. Der Anhang des Buches begleitet dabei mit Erläuterungen und Bildern zu den Wildkräutern. Höchste Zeit, die Wunder der Naturschätze in die eigene Küche zu bringen!

Inhalt

Bärlauch-Pesto 10

Dillsuppe 11

Salat mit Primeln 12

Gefüllte Süßkartoffeln 13

Hafer-Dinkel-Scheiben mit Brennnesselpesto, Tomaten und Hüttenkäse 14

Rauchiges Wildkräutersüppchen 16

Süßer Giersch-Smoothie 17

Avocado-Creme mit Gänseblümchen und Veilchen 19

Frühstücksvollkornpasta mit Tomaten, Ei und Salbei 20

Brennnesselsuppe 22

Mairitterlingspfanne mit Gnocchi 23

Löwenzahnspinat 24

Salbei-Smoothie 25

Brunnenkresse-Bärlauch-Suppe 26

Focaccia „Wilde Blumenwiese" 27

Apfel-Karotten-Salat mit Frühlingsdip 28

Grüne Wraps mit grünem Spargel und Rösttomaten 29

Melonen-Feta-Salat mit Minze 30

Bärlauch-Hähnchenfilets mit Nudeln 31

Kartoffelsalat im Oliven-Rauke-Bett 32

Borretsch-Pesto mit Antipasti	34
Blätterteig-Taschen mit Wildkräutern	35
Spinatsalat mit Buttermilchdressing	37
Frühlingspizza mit Spargel und Kresse	38
Inkasalat mit Gänseblümchen	39
Gundermann-Giersch-Kräuterbutter mit Brot	40
Löwenzahnsalat mit Pancetta	41
Kartoffelsalat mit roter Kresse	42
Tomaten-Giersch-Muffins	44
Bärlauch-Spinat-Knödel	45
Lachs mit Sauerampfer und Bandnudeln	46
Rauke-Süßkartoffel-Bowl	48
Salatbowl mit Gerste	49
Kartoffelsuppe mit Borretsch	50
Rauke-Sandwich	52
Kartoffelpuffer mit Brennnesseln	53
Bunter Frühlingssalat mit Spargel	55
Hirtentäschel-Quark mit Ofenkartoffeln	56
Erbsenrisotto mit Parmaschinken und Frühlingszwiebeln	57
Forellenfilets mit Kräuter-Parmesankruste und Drillingen	58

Bärlauch-Pesto

Ein Glas

- 500 g Bärlauch
- 250 ml natives Olivenöl
- 50 g geriebener Parmesan
- Salz, Pfeffer
- 2 EL Pinienkerne

1. Bärlauch-Blätter vom Stiel entfernen und kleinhacken.
2. Zusammen mit den anderen Zutaten in einen Mixer geben und bis zur gewünschten Konsistenz pürieren. Nach Belieben mit Salz und Pfeffer würzen.
3. Das Pesto passt gut zu Nudeln oder zu Baguette. Das verschlossene Glas macht den Inhalt im Kühlschrank ca. 4 Wochen haltbar.

Dillsuppe

- 500 g Kartoffeln
- 500 g Karotten
- 1 Bund Dill
- 1,5 l Gemüsebrühe
- 1 Zwiebel
- 1 EL Kurkuma und
  1 EL Paprika, Salz, Pfeffer
- Öl

1. Zwiebeln schälen und klein schneiden. In einem Topf mit Öl andünsten.

2. Kartoffeln würfeln und Karotten in Scheiben schneiden. 2–3 min mitbraten. Gewürze zugeben und mitrösten.

3. Mit Brühe ablöschen und 10 min köcheln lassen.

4. Dill waschen und klein hacken. Zu der Suppe geben und noch weitere 5 min köcheln. Mit Salz und Pfeffer abschmecken.

Salat mit Primeln

- 2 Handvoll Feldsalat
- 3 Karotten
- ½ Gurke
- 150 g Kirschtomaten
- 500 g Chinakohl
- 1 Dose Mais

Dressing:
- 10 EL Joghurt
- 1 EL Öl
- 4–5 EL Zitronensaft

- Primelblüten

1. Alle Zutaten, ausgenommen der Primelblüten, waschen, trockentupfen, in Stücke schneiden und in eine Schüssel geben.

2. Für das Dressing die Zutaten vermengen und zum Salat geben.

3. Vor dem Servieren die Primeln über den Salat streuen.

Gefüllte Süßkartoffeln

- 2 Süßkartoffeln
- 1 Zwiebel
- 150 g Kirschtomaten
- 200 g Spinat
- 1 Packung Feta
- 3 Karotten
- 1 Handvoll Borretsch
- 1 EL Tomatenmark
- 250 g Sojageschnetzeltes

1. Die Kartoffeln mit einer Gabel einstechen, mit etwas Olivenöl bepinseln und in Alufolie bei 200 °C für ca. 40 min backen.

2. In der Pfanne die gewürfelte Zwiebel anbraten und das Sojageschnetzelte mit Tomatenmark hinzugeben.

3. Die Karotten mit einem Schäler in lange, dünne Streifen schneiden und den Feta zerkrümeln. 4 EL des Fetas beiseitelegen, dieser wird später für das Topping verwendet.

4. Zum angebratenen Geschnetzelten den Spinat, Borretsch und den Feta hinzugeben. Das Ganze noch für ca. 3 min weiterbraten.

5. Die Kartoffeln abkühlen lassen und halbieren. Dann mit einem Löffel aushöhlen, sodass noch eine ca. 1,5 cm dicke Schicht als Schiffchen bleibt. Das übrige „Fruchtfleisch" zu der Pfannenmischung hinzugeben, die Schiffchen befüllen, die halbierten Kirschtomaten oben draufgeben und zum Abschluss mit je 1 EL Feta toppen.

6. Nochmals für ca. 10 min bei 200 °C im Ofen backen.

Hafer-Dinkel-Scheiben mit Brennnesselpesto, Tomaten und Hüttenkäse

Teig:
- 350 g Dinkelmehl
- 200 g kernige Haferflocken
- 1 Pk. Backpulver
- 1 EL Zucker
- 2 TL Salz
- 500 g Magerquark
- etwas Sprudelwasser
- 1 Ei

Pesto:
- 2 Handvoll frische, junge Brennnesseln
- 100 g Olivenöl
- 25 g Cashewnüsse

- 250 g Kirschtomaten
- 1 Becher Hüttenkäse oder Ricotta

1. Dinkelmehl mit 150 g Haferflocken, Backpulver, Salz und Zucker vermischen. Quark, Sprudel und Ei hinzugeben und alles gut vermengen. Klebt der Teig noch, dann weiter Mehl hinzugeben.

2. Eine Kastenform mit Backpapier auslegen und den Teig hineingeben. Oben noch einmal mit den kernigen Haferflocken bestreuen und leicht festdrücken. Bei 200 °C im vorgeheizten Backofen ca. 25 min backen.

3. Für das Pesto Brennnesseln waschen und auf ein Küchenbrett legen. Mit einem Nudelholz über die Brennnessel rollen, so brennt die Brennnessel nicht mehr, danach grob schneiden. Brennnesseln, Nüsse und das Olivenöl mit dem Pürierstab zu einer cremigen Masse pürieren. Mit Salz und Pfeffer abschmecken.

4. Zum Schluss das lauwarme Brot aus der Form nehmen und in Scheiben schneiden. Mit dem Pesto bestreichen, dann teelöffelweise Hüttenkäse-Portionen darauf verteilen und mit Kirschtomatenhälften „krönen".

Rauchiges Wildkräutersüppchen

- je 1 halbe Handvoll Sauerampfer, Knoblauchsrauke, Giersch, Brennnessel, (Wiesen-)Kerbel, glatte Petersilie, Schnittlauch, Estragon, je gewaschen und fein geschnitten
- 1 Kopfsalat oder Rucola
- 400 ml Gemüsebrühe
- Salz, Pfeffer, Muskat
- 200 g Basilikum-Tofu

1. Die fein gehackten Kräuter mit 2 EL Butterschmalz anbraten und mit etwas Brühe ablöschen. Dann mit der restlichen Gemüsebrühe aufgießen, mit Salz und Muskatnuss abschmecken, mindestens 20 min köcheln lassen. Zum Schluss wird der Salatkopf oder Rucola kleingeschnitten in die Suppe gegeben.
2. Den Tofu in Würfel schneiden und in einer Pfanne kurz und schnell anbraten. Beim Servieren über die Suppe geben und mit essbaren Blüten garnieren.

⟩⟩⟩ Tipp:

Wer den Geschmack von Sauerampfer mag, kann auch davon mehr als von den anderen Kräutern hineingeben und am Ende noch zur Verstärkung ein wenig saure Sahne oder statt des Tofu Speck zur Suppe geben.

Süßer-Giersch-Smoothie

- 100 g Giersch
- 50 g Spinat oder Rauke
- 2 reife Bananen
- 1 Zitrone
- 2 Orangen
- 2 EL Zuckerrübensirup
- ein kleines Stück Ingwer
- 300 ml Wasser

1. Den Giersch und Spinat waschen, putzen und trockenschleudern. Bananen grob kleinscheiden, Orange schälen und Kammern auseinanderteilen. Zitrone auspressen und Ingwer fein reiben.

2. Alle o. g. Zutaten in einen Mixer geben und Wasser sowie Zuckerrübensirup ebenfalls hinzugeben.

Wenn gewünscht, noch mit drei Eiswürfeln zu einer kühleren Masse weitermixen.

Ruf nach Ostern

Wo Dunkelheit und Distanz herrschen –
komm, du Licht der Auferstehung!
Wo Mut und Perspektiven verloren gegangen sind –
komm, du Hoffnung der Auferstehung!
Wo Antrieb und Ideen fehlen –
komm, du Kraft der Auferstehung!

Avocado-Creme mit Gänseblümchen und Veilchen

- 2 reife Avocados
- 1 Zitrone
- 1–2 Knoblauchzehen
- 3 EL Frischkäse oder Crème fraîche
- einige Gänseblümchen und/oder Veilchen

1. Die Avocados halbieren, den Kern herauslösen und das Fruchtfleisch, grob gewürfelt, in eine Schale geben. Dazu den kleingeschnittenen Knoblauch und den Zitronensaft einer halben Zitrone geben.

2. Mit einem Stabmixer alles pürieren oder mit einer Gabel zerdrücken, Frischkäse/Crème fraîche nach und nach hinzugeben. Mit Salz, Pfeffer und dem restlichen Zitronensaft abschmecken.

3. Anschließend mit Hornveilchen und Gänseblümchen dekorieren. Diese sorgen für ein besonders frisches Aroma. Mit Kartoffelspalten, auf Brot oder auch als Dip zu Gemüse servieren.

Frühstücksvollkornpasta mit Tomaten, Ei und Salbei

- 100 g Vollkornnudeln
- 50 g getrocknete Tomaten in Öl
- 2 Eigelb
- 1 Knoblauchzehe
- 20 g geriebener Pecorino
- 2 Stängel frischer Salbei
- Salz, Pfeffer

1. Nudeln in Salzwasser al dente kochen. Währenddessen Käse reiben, die Tomaten in Würfel schneiden. Tomatenöl in einer großen Pfanne erhitzen. Zerdrückte Knoblauchzehen mit den Tomaten 5 min anbraten und den Knoblauch herausnehmen.

2. Eigelb, die Hälfte des Käses und gemahlenen schwarzen Pfeffer in einem hohen Gefäß mit einer Gabel verquirlen.

3. Nudeln abgießen, zurück in den heißen Topf geben und mit den gebratenen Tomaten vermischen. Dann die Eiermasse unterheben und mit Käse bestreuen.

 Tipp

Die Idee der Frühstückspasta rührt daher, dass man am Tag eine warme Mahlzeit und komplexe Kohlenhydrate schon morgens zu sich nehmen sollte. So kann der Körper noch den ganzen Tag davon zehren.

Brennnesselsuppe

- 400 ml Gemüsebrühe
- 200 g Kochsahne
- Salz und Pfeffer
- ½ Handvoll Brennnesselblätter
- ½ Handvoll Bärlauch
- ½ Kopf Brokkoli
- 1 Handvoll Erbsen
- 2 Karotten

1. Zwiebeln in Würfel schneiden, zwei Drittel der Kräuterblätter grob hacken und in einem Topf mit etwas Butter anschwitzen.

2. Den Brokkoli und die Karotten in kleine Stücke schneiden.

3. Die Zwiebeln mit der Gemüsebrühe ablöschen und die Erbsen hinzugeben. Das Gemüse garkochen und anschließend alles pürieren.

4. Nun die Kochsahne, den Brokkoli und die Karotten hinzufügen und für weitere 10 min köcheln lassen, bis der Brokkoli gar ist.

5. Die Suppe mit einem Kleks Kochsahne und überbrühten Brennnessel- und Bärlauchblättern anrichten.

Mairitterling-Pfanne mit Gnocchi

- 2 EL Crème fraîche
- 400 g Mairitterlinge
- 1 Zwiebel
- 1 Knoblauchzehe
- 1 TL Paprikapulver
- 350 g Gnocchi
- 1 EL Butter oder Bratfett
- Salz und Pfeffer
- Käse nach Belieben

1. Zwiebel in Würfel und die gewaschenen Mairitterlinge putzen und in mundgerechte Stücke schneiden, der Stiel kann mitverwendet werden.
2. Nun die Butter in einer Pfanne erhitzen und zunächst die Zwiebeln glasig anbraten.
3. Parallel die Gnocchi in einer weiteren Pfanne mit etwas Butter anbraten.
4. Die Pilze zu den glasigen Zwiebeln geben und scharf anbraten und danach klein gehackten Knoblauch mit den Gewürzen hineingeben. Pilze dann noch mindestens 15 min weiterdünsten.
5. Jetzt die Crème fraîche hinzugeben und noch einmal abschmecken.
6. Die Gnocchi zu den Pilzen geben, die Pfanne kann dann auch noch mit ein wenig Käse verfeinert werden.

Löwenzahnspinat

- 2 Hände voll Löwenzahnblätter
- 1 Fladenbrot
- 2 Eier
- 2 Zwiebeln
- 1 Knoblauchzehe
- 250 ml Joghurt
- Paprika, Pfeffer, Salz

1. Löwenzahn waschen, in kleine Stücke schneiden und 3–5 min blanchieren.
2. Zwiebeln und Knoblauch in der Zwischenzeit kleinschneiden und mit Olivenöl in einer Pfanne anschwitzen.
3. Löwenzahn abgießen und mit in die Pfanne geben. Mit Salz, Pfeffer und Paprika abschmecken.
4. Eier verquirlen, hinzugeben und 5–10 min anbraten.
5. Mit Joghurt und Paprika bestreuen und mit Fladenbrot servieren.

Salbei-Smoothie

- 8 EL Joghurt
- 1 Handvoll Salbei
- 1 Banane
- ½ Gurke
- etwas Wasser
- 20 g Proteinpulver

Alles in einen Mixer geben und mit Wasser so lange mixen, bis die gewünschte Konsistenz erreicht ist.

Brunnenkresse-Bärlauch-Suppe

- 1 Zwiebel
- 750 ml Gemüsebrühe
- 30 g Butter/Margarine
- 1 Bund Brunnenkresse
- 1 Handvoll Brennnesseln
- 150 g Sahne
- 400 g Champignons

1. Zwiebel würfeln, Champignons putzen und in Streifen scheiden und alles im Topf anbraten. Währenddessen die Brunnenkresse und Bärlauch waschen und kurz mit in den Topf geben.
2. Mit der Gemüsebrühe den Topfinhalt ablöschen und 50 g Sahne hinzugeben, 10 min köcheln lassen, dann pürieren.
3. Die restliche Sahne halbsteif schlagen und unterheben. Nun noch mit Salz, Pfeffer und beliebigen Gewürzen abschmecken.

Foccacia „Wilde Blumenwiese"

Teig:
- 265 g Mehl
- 20 g Hefe
- 190 ml handwarmes Wasser
- 1 EL Zucker oder 1 TL Honig
- 4 EL Olivenöl
- 5 g Salz

Belag:
- 50 g Oliven
- 2 rote Zwiebeln
- 400 g Kirschtomaten
- wilde Kräuter oder Blumen wie Löwenzahn, Bärlauch, Giersch, Kohlrabi- oder Sellerieblätter, Liebstöckel, Gänseblümchen
- 50 g Pinienkerne
- Olivenöl
- Salz, Pfeffer

1. Hefeteig wie auf S. 38 (Pizza) herstellen und gehen lassen. In der Zwischenzeit rote Zwiebeln in Streifen schneiden, Kirschtomaten und Kräuter waschen, kleinhacken.

2. Aus dem Teig zwei dicke Fladen formen und auf ein Backpapier legen, dann mit allen fünf Fingern überall tiefe Mulden in den Teig drücken. Wiese entstehen lassen, indem die Zutaten auf der Foccacia dekorativ gelegt werden. Mit Salz und Pfeffer bestreuen.

3. Foccacia 15 min bei 220 °C im Ofen backen. Die letzten 5 min mit den Pinienkernen bestreut backen. Nach dem Backen nochmals etwas Olivenöl darübergeben.

Apfel-Karotten-Salat mit Frühlingsdip

- 3 große Karotten
- 1 Apfel
- eine Handvoll Sonnenblumenkerne

Dressing:
- 150 g Quark
- etwas Milch
- Schnittlauch, Petersilie, Dill
- 1 Frühlingszwiebel
- Salz, Pfeffer
- Zitronensaft

1. Die Karotten und den Apfel schälen und reiben.
2. Die Sonnenblumenkerne ohne Öl in einer Pfanne unter ständigem Rühren anrösten.
3. Für das Dressing Quark mit etwas Milch glattrühren. Schnittlauch, Petersilie, Dill und Frühlingszwiebel kleinschneiden und unterrühren. Mit Salz, Pfeffer und Zitronensaft abschmecken.

Grüne Wraps mit grünem Spargel und Rösttomaten

Teig:
- 150 g feine Haferflocken
- 350 ml Wasser
- 50 g frischer Spinat

Füllung:
- 500 g grüner Spargel
- 250 g Kirschtomaten
- 1 Dose Mais
- 3 Frühlingszwiebeln
- 1 Handvoll Sonnenblumenkerne
- 1 Becher Sour Cream
- Brunnenkresse

- Bratöl
- Salz, Pfeffer

1. Haferflocken in Wasser 30 min einweichen lassen. Währenddessen das Gemüse waschen, Mais abgießen und alles kleinschneiden. Dann Spargel, Kirschtomaten, Mais, Frühlingszwiebeln und Sonnenblumenkerne auf ein Blech geben und mit etwas Öl und Salz und Pfeffer mischen. Bei 180 °C im Backofen ca. 20 min rösten.

2. Eingeweichte Haferflocken mit gewaschenem Spinat und einer Prise Salz pürieren. In einer Pfanne aus dem Teig 6 Wraps abbacken.

3. Warme Wraps mit Sour Cream bestreichen, Ofengemüse daraufgeben und mit Brunnenkresse bestreuen. Dann zusammenwickeln.

Melonen-Feta-Salat mit Minze

- 1 Wassermelone
- 1 Bund Minze
- 1 Feta

Dressing:
- 2 EL Honig
- Saft von ½ Zitrone
- Salz und Pfeffer

1. Die Wassermelone würfeln und in eine Salatschüssel geben.
2. Den Feta zerkrümeln und mit den Minzblättern zu der Melone geben.
3. Für das Dressing den Honig mit dem Zitronensaft verrühren und etwas Salz und Pfeffer hinzugeben.

Bärlauch-Hähnchenfilets mit Nudeln

- 4 Hähnchenbrustfilets
- 2 TL Butter
- 2 Stängel Wilder Thymian (Quendel)
- 500 g Nudeln nach Wahl

Füllung:
- 150 ml Kochsahne
- 150 g Bärlauch
- 8 getrocknete Tomaten
- 1 Schuss Weißwein
- 75 g Ricotta

1. Den Bärlauch waschen und schneiden, die getrockneten Tomaten ebenfalls klein schneiden. Beides in eine Schüssel, mit der Kochsahne, Ricotta und dem Schuss Weißwein mischen, dann mit Salz und Pfeffer würzen.

2. Die Hähnchenbrustfilets an der Seite einschneiden und die Sahnefüllung hineingeben. Die gefüllten Filets in eine vorgefettete Backform geben.

3. Die Butter schmelzen und den Quendel von den Stängeln lösen, zur Butter hinzugeben und mit Salz und Pfeffer würzen.

4. Mit der Butter die Filets bestreichen und anschließend im Ofen für ca. 15 min bei 180 °C garen.

5. Währenddessen die Nudeln al dente kochen und mit dem Hähnchen servieren.

Kartoffelsalat im Oliven-Rauke-Bett

- 800 g kleine festkochende Kartoffeln
- 125 g Rauke
- 10 getrocknete, in Öl eingelegte Tomaten
- ½ Bund Schnittlauch
- 100 g schwarze Oliven (ohne Stein)

Dressing:
- 125 ml Orangensaft
- 4 EL Balsamico-Essig, hell
- 1 TL Dijon-Senf
- Salz, Pfeffer
- 8 EL Olivenöl

1. Die Kartoffeln waschen und in einen Topf geben. So viel Wasser angießen, dass die Kartoffeln gerade bedeckt sind. Das Wasser zum Kochen bringen und die Kartoffeln 25 bis 30 min garen. In ein Sieb abgießen und noch etwas dämpfen lassen. Noch heiß pellen und vierteln.

2. Für das Dressing den Orangensaft mit dem Essig, dem Senf, ½ TL Salz und Pfeffer verrühren, nach und nach das Olivenöl unterschlagen. Das Dressing mit den noch warmen Kartoffeln vermischen und zugedeckt durchziehen lassen.

3. Rauke verlesen und grobe Stiele entfernen. Die Blätter in reichlich kaltem Wasser gründlich waschen, trockenschleudern und nach Belieben in mundgerechte Stücke zupfen.

4. Die Tomaten auf Küchenpapier abtropfen lassen und in Streifen schneiden. Den Schnittlauch waschen, trockenschütteln und in Röllchen schneiden. Rauke, Tomaten, Schnittlauch und Oliven unter die Kartoffeln mischen.

 **Tipp:**

Den Rucola erst so spät wie möglich untermischen, damit er nicht zusammenfällt.

Borretsch-Pesto mit Antipasti

Borretsch-Pesto:
- 400 g Borretsch
- 250 ml Olivenöl
- 1–2 Knoblauchzehen

Antipasti:
- 1 Aubergine
- 1 Zucchini
- 2 Tomaten
- 1 Paprika
- 1 Kugel Mozzarella
- 6 EL Olivenöl
- 1 EL Balsamico
- 1 Knoblauchzehe
- Salz und Pfeffer

1. Für das Pesto den Borretsch und den Knoblauch grob hacken, mit dem Olivenöl mixen und mit Salz und Pfeffer abschmecken. Das Pesto durchziehen lassen.

2. Für die Antipasti die Aubergine längs in Streifen schneiden und in Olivenöl anbraten, bis sie glasig sind.

3. Mozzarella, Zucchini und Tomaten in ca. 5 lange 2 cm dicke Scheiben und die Paprika in Spalten schneiden.

4. Die ausgekühlten Auberginenscheiben auf das Schneidebrett legen und jeweils mit Gemüse, Mozzarella und 1 TL Pesto befüllen. Anschließend Auberginen einrollen und mit einem Zahnstocher befestigen.

5. Die Röllchen in eine gefettete Auflaufform geben und für ca. 25 min bei 180 °C backen. Am Schluss noch einmal mit Balsamico und Olivenöl beträufeln.

Blätterteig-Taschen mit Wildkräutern

- ½ Handvoll Brennnesseln
- 1 Handvoll Kerbel (Wiesenkerbel, Bärlauch) und Giersch
- 250 g Fetakäse
- 2 große Kartoffeln
- 1 rote Peperoni
- 1 große Zwiebel oder 3 Frühlingszwiebeln
- Rapsöl
- Milch
- 1 Ei
- 2 Pkg. Blätterteig-Rollen

1. Die Wildkräuter, außer den Bärlauch, waschen, putzen, grob hacken und anschließend blanchieren. Gut abtropfen lassen.

2. Zwiebeln und Bärlauch mit Öl in einer Pfanne anschwitzen. Die Kartoffeln schälen und auf einem Gurkenhobel in sehr dünne Scheiben schneiden. Den Fetakäse würfeln und die Peperoni in sehr kleine Stücke schneiden. Wer es nicht scharf möchte, entfernt die Kerne der Peperoni.

3. Alle Zutaten in eine Schüssel geben und gut vermischen. Den Blätterteig ausrollen und auf ein mit Backpapier ausgelegtes Backblech legen. Den Teig mit etwas Milch und Butter bepinseln und die Mischung in kleinen Häufchen auf dem Teig verteilen. Den zweiten Teig an den Rändern mit Eiweiß bestreichen und darauflegen. Mit dem Eigelb bestreichen.

4. Alles im Ofen bei einer Temperatur von 180 °C (Umluft) 30 min backen, die Taschen mit einem Messer trennen und dann servieren.

Die Schöpfung wertschätzen

Guter Gott, du schenkst uns die vielfältigen Gaben deiner Schöpfung. Danke, dass wir dadurch mehr vom Wunderwerk der Natur verstehen können und sie uns damit zum Segen wird. Amen.

Spinatsalat mit Buttermilchdressing

- 1 kg junger Blattspinat
- 300 g Cocktailtomaten
- 300 g Champignons
- 2 Bund Frühlingszwiebeln

Buttermilchdressing:
- 125 ml Buttermilch
- 3 EL Zitronensaft
- Salz, Pfeffer, Zucker
- 100 ml Rapsöl

Topping:
- 250 g zerbröckelter Edelpilzkäse, z. B. Roquefort-Käse
- 5 TL Sesamsamen

1. Spinat verlesen, putzen und die Stiele entfernen, Blätter gründlich waschen und abtropfen lassen oder trocken schleudern. Blätter evtl. etwas kleiner schneiden.

2. Cocktailtomaten abspülen, abtrocknen und halbieren oder vierteln, die Stängelansätze herausschneiden. Champignons putzen, mit Küchenpapier abreiben, evtl. abspülen, gut abtropfen lassen und in Scheiben schneiden. Frühlingszwiebeln putzen, abspülen, abtropfen lassen und in feine Ringe schneiden.

3. Für das Buttermilchdressing Buttermilch mit Zitronensaft verrühren, mit Salz, Pfeffer und Zucker würzen und Öl darunterschlagen.

4. Spinat mit Cocktailtomaten, Champignons und Frühlingszwiebeln in einer Schüssel oder auf Tellern mit Buttermilchdressing übergießen, mit Sesamsamen bestreuen und servieren.

Frühlingspizza mit Spargel und Kresse

- 265 g Mehl
- 20 g Hefe
- 190 ml handwarmes Wasser
- 1 EL Zucker oder 1 TL Honig
- 4 EL Olivenöl
- 5 g Salz
- 500 g Spargel (weiß oder grün)
- Brunnenkresse
- 50 g grünes Pesto
- 50 g geriebener Parmesan
- etwas Maismehl

1. Den Vorteig aus dem warmen Wasser, der zerbröselten Hefe und dem Zucker (Honig) herstellen. Wenn sich nach 5 min keine leicht schaumige Schicht gebildet hat, dann den Ansatz wegwerfen und neu beginnen.

2. Mehl mit Salz gut mischen, gegangenen Vorteig in eine Kuhle in die Mitte des Mehls geben und einarbeiten. Mindestens 5 min per Hand kneten und zum Schluss das Olivenöl hinzugeben. Ist der Teig noch zu feucht, noch weiteres Mehl hinzugeben.

3. Teig 30 min an einem warmem Ort gehen lassen. In der Zeit den Spargel vorbereiten, Enden abschneiden, waschen und in ca. 4 cm große Stücke schneiden. Die Brunnenkresse waschen, den Parmesan reiben.

4. Teig ausrollen, etwas Maismehl auf Backpapier streuen und Teig darauflegen und auf ein Blech heben, mit der Gabel Löcher in den Teig stoßen und Pesto dünn darauf verteilen, dann Spargel verteilen und bei 220 °C 10 min backen, vor den letzten 5 min den Parmesan und die Brunnenkresse draufstreuen und fertigbacken.

Inkasalat mit Gänseblümchen

- 150 g Quinoa
- 1 Avocado
- 1 Tomate
- 1 Hirtenkäse
- 1 Salatgurke
- etwas Olivenöl
- 1 Handvoll Gänseblumen
- 1 EL Gemüsebrühe

1. Das Quinoa waschen und nach Packungsangabe kochen, jedoch zu dem Wasser 1 EL Brühe hinzugeben.

2. Das Gemüse würfeln und den Hirtenkäse zerbröseln. Alles in eine Schüssel geben.

3. Das gekochte Quinoa und Olivenöl hinzugeben. Vor dem Servieren die Gänseblümchen drüberstreuen.

Gundermann-Giersch-Kräuterbutter mit Quarkbrot

Kräuterbutter:
- 250 g zimmerwarme Butter
- ½ Handvoll Gundermann
- 2 Zehen Knoblauch
- ½ Handvoll Giersch
- Meersalz

Quarkbrot:
- 250 g Dinkelmehl
- 1 Ei
- 250 g Magerquark
- Kürbiskerne, Leinsamen o.a.
- 1 TL Backpulver

1. Mehl, Backpulver und Salz gesiebt in eine Schüssel geben.
2. Das Ei, den Quark sowie die Kerne und Körner hinzugeben und gut verkneten.
3. Den Teig formen, mit Wasser bestreichen, in eine backfeste Auflaufform geben und für ca. 40 min bei 180 °C backen.
4. Für die Kräuterbutter Gundermann und Giersch waschen und klein schneiden. Den Knoblauch ebenfalls klein schneiden oder pressen. Alle Zutaten in eine Schüssel geben und vermengen. Während das Brot zubereitet wird, im Kühlschrank durchziehen lassen.
5. Das Brot warm mit der Kräuterbutter bestrichen anrichten.

Löwenzahnsalat mit Pancetta

- 4 Handvoll Löwenzahnblätter, grob geschnitten
- 10 Bärlauchblätter, fein gehackt
- 1 Knoblauchzehe, geschält
- 50 g Pancetta (Speck), gewürfelt
- 2 Scheiben Toastbrot, gewürfelt
- 2 Tomaten, gewaschen, entkernt, klein gewürfelt

Dressing:
- ½ TL Curry
- etwas Muskat, frisch gerieben
- 4 EL Balsamico-Essig
- 6 EL Olivenöl
- Salz, Pfeffer

1. Löwenzahn und Bärlauch in einer Schüssel vermischen. Knoblauch auspressen, mit Salz vermengen, unter den Salat mischen und etwas ziehen lassen.
2. Pancetta auslassen, bis die Würfel goldbraun sind. Mit dem Schaumlöffel aus der Pfanne nehmen und rasch unter den Salat mischen.
3. Die Toastwürfel im ausgelassenen Speckfett unter ständigem Rühren goldgelb braten. Ebenfalls mit dem Schaumlöffel herausnehmen und über den Salat geben. Die Tomaten zufügen.
4. Aus Balsamico, Salz, Pfeffer, Curry, Muskatnuss und Öl ein Dressing herstellen und mit dem Salat mischen. Etwas durchziehen lassen und servieren.

⋙ Tipp:

Der Salat sollte beim Mischen mit den Speckwürfeln zischen – die Hitze des Specks entzieht den Blättern das Bittere. Daher ist dieser Fastensalat ausnahmsweise nicht fleischlos.

Kartoffelsalat mit roter Kresse

- 750 g festkochende Kartoffeln
- 1 Glas Möhrensalat (Abtropfgewicht 190 g)

Dressing:
- 375 ml Gemüsebrühe
- 3 EL Balsamico-Essig, hell
- Salz, Pfeffer
- 4 EL Olivenöl
- 500 g Champignons
- 4 EL Olivenöl
- 2 Kästchen rote Daikonkresse

 Tipp:

Die rote Daikonkresse erinnert im Geschmack an Kreuzkümmel (Cumin). Sie kann durch einfache Kresse ersetzt werden.

1. Kartoffeln gründlich waschen, mit Wasser bedeckt zum Kochen bringen, zugedeckt in 20–25 min gar kochen. Kartoffeln abgießen, mit kaltem Wasser abschrecken, abtropfen lassen, etwas abkühlen lassen.

2. Kartoffeln pellen, in Scheiben schneiden und in eine große Schüssel geben. Möhrensalat in ein Sieb geben und abtropfen lassen.

3. Für das Dressing Gemüsebrühe mit Balsamico-Essig, Salz und Pfeffer verrühren, Öl darunterschlagen. Möhrensalat und Dressing zu den Kartoffelscheiben geben, alles vermischen und etwa 30 min durchziehen lassen.

4. In der Zwischenzeit Champignons putzen, mit Küchenpapier abreiben, evtl. abspülen und gut abtropfen lassen. Champignons in Scheiben schneiden, Öl in einer Pfanne erhitzen. Die Champignonscheiben dann in 2 Portionen hellbraun braten und mit Salz und Pfeffer würzen. Die Champignonscheiben zu den Kartoffeln geben.

5. Die Kresse kalt abspülen, tupfen und abschneiden. Den Salat mit Salz und Pfeffer abschmecken und die Kresse unterheben.

Tomaten-Giersch-Muffins

- 200 g Mehl
- 150 g Magerquark oder Frischkäse
- 80 g geriebener Parmesan
- 300 g Kirschtomaten
- 60 ml Olivenöl
- 60 ml Milch
- 2 TL Backpulver
- 1 Ei
- 1 Bund Giersch
- Käse nach Wunsch

1. Quark, Parmesan, Ei, Öl und Milch vermengen, den Giersch waschen und schneiden.

2. Trockene Zutaten vermengen und diese mit den nassen unterheben.

3. Den Giersch fein hacken, die Tomaten halbieren und ca. die Hälfte der Tomaten beiseite legen.

4. Giersch und ca. 150 g der Tomaten in den Teig unterheben, hierbei auch ca. 2 EL Giersch beiseitelegen.

5. Tomaten obendrauf geben und nach Wahl noch mit geräuchertem Tofu, Schinken o. ä. toppen.

6. Teig in Muffinform oder dafür vorgesehene Backform geben. Die übrigen Tomaten und den übrigen Giersch obendrauf geben (an dieser Stelle kann auch Käse hinzugefügt werden) und für 20 min bei 180 °C backen.

Bärlauch-Spinat-Knödel

- 5 Brötchen vom Vortag
- 200 g frischer Babyspinat
- 75 g Bärlauchblätter
- 3 Frühlingszwiebeln
- 125 ml Milch
- 4 Eier
- Semmelbrösel
- 2 EL Butter
- 100 g Gruyère o. ä.
- Muskat, Salz, Pfeffer
- Mehl

1. Zwiebeln und Bärlauch hacken und zuerst die Zwiebeln, danach den Bärlauch kurz anbraten. Dann Spinat kurz dazugeben.

2. Milch lauwarm mit Eiern verquirlen und mit Gewürzen mischen. Milchmasse über die Brötchen gießen, Zwiebel-Mischung hinzugeben und eine halbe Stunde quellen lassen.

3. In der Zeit den Käse in kleine Würfel schneiden. Dann Hände gut befeuchten und Knödel formen, einige Käsewürfel darin „verstecken". Wenn die Knödelmischung zu feucht ist, noch Semmelbrösel zugeben.

4. Die Knödel alle noch einmal gut andrücken und leicht in Mehl wälzen, dann in leicht sprudelndem Salzwasser ca. 10 min fertiggaren.

Lachs mit Sauerampfer und Bandnudeln

- 2 Lachsfilets
- 50 g Sauerampfer
- 60 g geschmolzene Butter
- 1 Zitrone
- 2 TL gemischte Kräuter
- Salz, Pfeffer
- 500 g Nudeln nach Wahl
- 2 TL Tomatenmark
- 150 g Sahne
- 50 g Gorgonzola
- 2 TL Brühe

1. Lachs und Sauerampfer waschen und trockentupfen. Anschließend den Lachs in eine gefettete Auflaufform legen.

2. Für die Marinade werden geschmolzene Butter, Kräuter, Zitronensaft, Salz und Pfeffer vermischt. Mit der Marinade wird der Lachs nun dünn bestrichen, anschließend wird der Lachs mit Sauerampfer bedeckt. Der Rest der Marinade kommt als dritte Schicht auf den Lachs und in die Backform. Diese wird für ca. 15 min bei 180 °C gebacken.

3. Nudeln al dente kochen, abgießen und beiseitestellen.

4. Für die Soße die Sahne in eine Pfanne geben und mit Gorgonzola, Crème fraîche, Brühe und Tomatenmark verrühren. Kurz aufköcheln lassen, dann die Nudeln hinzugeben und durchschwenken.

Rauke-Süßkartoffel-Bowl

- 150 g Naturreis
- 2 Süßkartoffeln
- 100 g Rauke
- 1 rote Paprika
- 1 gekochten Brokkoli
- 2 gekochte Eier
- 2 TL Leinsamen
- 1 Handvoll Bärlauchblätter

Dressing:
- 300 g Sojajoghurt
- Saft einer halben Zitrone
- 1 TL Senf
- Salz, Pfeffer, Honig

1. Den Naturreis in Salzwasser garkochen, die Süßkartoffeln schälen und mit dem in Röschen zerteilten Brokkoli und der kleingeschnittenen Paprika ca. 20 min im Ofen bei 180 °C rösten.

2. Die Eier kochen, pellen und kleinwürfeln, die Rauke waschen und putzen. Aus Sojajoghurt, Zitronensaft, Senf und Gewürzen das Dressing herstellen.

3. Alle Zutaten sortiert anordnen und mit dem Dressing beträufeln.

Salatbowl mit Gerste

- 150 g Gerste
- 3 Karotten
- 1 Frühlingszwiebel
- 150 g Feldsalat
- ½ Salatgurke
- Handvoll Brunnenkresse
- 1 Apfel
- 100 g Ziegenkäse
- 1 Zitrone
- 1 TL Honig
- 2 EL Bärlauch, gehackt
- Salz und Pfeffer

1. Die Gerste mit 300 ml Salzwasser für 30 min kochen.
2. Die Karotten in kleine Viertel und die Frühlingszwiebeln in Stücke schneiden, dann mit etwas Öl in der Pfanne anbraten.
3. Den Feldsalat waschen, trocknen und in eine Schüssel geben. Salatgurke, Brunnenkresse und den Apfel in mundgerechte Stücke schneiden. Alle Zutaten können in kleinen farbigen Portionen nebeneinander in die Schüssel gegeben werden.
4. Den Ziegenkäse ebenfalls in kleine Stücke schneiden und mit der Gerste zur Schüssel geben.
5. Für das Dressing den Saft einer halben Zitrone, Honig, Bärlauch, Salz und Pfeffer verquirlen und über die Salat-Bowl gießen.

Kartoffelsuppe mit Borretsch

- 1 kg mehlig kochende Kartoffeln
- 1 Knoblauchzehe
- 1 l Brühe
- 2 Bund Borretsch mit Blüten
- 50 ml Kochsahne
- Salz, Pfeffer und Butter zum Verfeinern

1. Die Kartoffeln schälen, waschen und in kleine Würfel schneiden. Den Knoblauch fein hacken.
2. Alle Zutaten in einen Topf geben, mit der Brühe aufgießen, so dass das Gemüse bedeckt ist. Für ca. 30 min kochen lassen.
3. Währenddessen den Borretsch vorbereiten und die Blüten und die Blätter von den Stielen zupfen, die Blüten beiseitelegen. Die Blätter waschen, trocken tupfen und fein hacken.
4. Die Suppe pürieren, die Kochsahne und den Borretsch hinzugeben, mit Salz, Pfeffer und Butter abschmecken, dann noch ca. 5 min köcheln lassen.
5. Die Suppe mit den Borretsch-Blüten anrichten und mit frischem Brot auftischen.

Rauke-Sandwich

- 80 g Rauke
- 50 g Feta
- Kirschtomaten
- 2 (Vollkorn-)Toastscheiben
- 1 EL Balsamico oder Balsamico-Creme
- 3 EL Olivenöl

1. Die Rauke und die Tomaten waschen, trocknen, die Tomaten halbieren und in eine Schüssel geben. Dann den Feta zerbröseln hinzugeben.

2. Nun alles mit Balsamico, Olivenöl, Salz und Pfeffer würzen und vermengen. Für 5–10 min ziehen lassen.

3. Zwei Toastscheiben in der Pfanne kurz von beiden Seiten rösten, nun den Salat auf eine Scheibe Toast geben und die andere Scheibe darauflegen.

Kartoffelpuffer mit Brennnesseln

- 8 große Kartoffeln
- 2 Eier
- 1 Zwiebel
- 200 g Brennnessel
- 4 EL Mehl
- Bratöl

1. Kartoffeln und Zwiebeln mit einer Reibe kleinreiben.
2. Die Masse in eine Schüssel geben. Die Eier und das Mehl hinzugeben und vermengen und ggf. noch einmal mit Milch strecken.
3. Die Brennnesselblätter waschen, überbrühen, kleinhacken und zum Teig hinzugeben.
4. Die Pfanne mit Olivenöl erhitzen. Den Kartoffelteig in Klecksen in die Pfanne geben und zu einem Kartoffelpuffer drücken. Vor jeder Seite 4–5 min braten.

Quellen der Freude finden

In der Wüste meines Alltags lass mich das Wasser deines Lebens spüren,
das mir Fülle gibt,
mich erfrischt und mit Hoffnung tränkt.
Sei meine Quelle der Freude auf dem Weg Richtung Ostern.

Bunter Frühlingssalat mit Spargel

- 600 g Spargel, geschält, blanchiert
- 1 kleiner Friséesalat
- 1 gelbe Paprikaschote, gewaschen, entkernt, in Streifen geschnitten
- 2 Frühlingszwiebeln, gesäubert, in dünne Ringe geschnitten
- 1 kleine Zwiebel, geschält, in dünne Ringe geschnitten
- 1 Bund Radieschen, gewaschen, in dünne Scheiben geschnitten

Dip:
- 4 hartgekochte Eier
- 200 g saure Sahne
- 3 EL Kräuter, fein gehackt
- Zitronensaft
- 1 rote Chilischote
- Salz, Pfeffer

1. Den Friséesalat in kleine Stücke zupfen und waschen.

2. Die Eier halbieren, das Eigelb mit 100 g saurer Sahne und den fein gehackten Kräutern mischen, mit Salz, Pfeffer und Zitronensaft abschmecken und in die Eihälften füllen. Chili in kleine Streifen schneiden, mit der restlichen sauren Sahne mischen und mit Paprika und Zitronensaft abschmecken.

3. Den Salat und das Gemüse auf 4 Tellern anrichten. Mit Eihälften und dem Dip servieren.

Hirtentäschel-Quark mit Ofenkartoffeln

- 8 EL Quark
- 2 EL Crème fraîche
- 1 Bund Hirtentäschel
- Salz und Pfeffer
- 3 Kartoffeln

1. Kartoffeln je nach Größe ca. 4 cm einschneiden, und mit etwas Butter bestreichen. Im Ofen für ca. 40 min bei 200 °C backen.
2. Quark und Crème fraîche in eine Schüssel geben und vermengen.
3. Hirtentäschel abwaschen und klein hacken und zu der Quarkmischung geben. Je nach Geschmack würzen.
4. Die Kartoffeln mit der Quarkmischung anrichten.

Erbsenrisotto mit Parmaschinken und Frühlingszwiebeln

- 320 g Risottoreis
- 100 g Parmesan
- 500 g gefrorene Erbsen
- 2 Schalotten
- 150 ml Weißwein
  z. B. Müller-Thurgau
- 1,5 l Gemüsebrühe
- 6 Scheiben Parmaschinken
- 1 Bund frische Petersilie
- Bratöl

1. Schalotten fein würfeln, Petersilie hacken, Parmesan reiben. In einem Topf die Hälfte der Schalotten mit Reis anschwitzen. Reis mit Weißwein ablöschen, Wein einkochen und nach und nach die heiße Brühe einrühren. Der Reis darf niemals „trocken" werden.

2. In einem zweiten Topf die restlichen Schalotten erhitzen und mit den Schinkenstreifen scharf anbraten, dann Erbsen dazugeben und mit ein wenig Wasser bei geschlossenem Deckel 6 min garen.

3. Hat der Risottoreis eine cremige, noch bissfeste Konsistenz erreicht, Parmesan und Erbsen-Schinkenmischung sowie Petersilie unterheben.

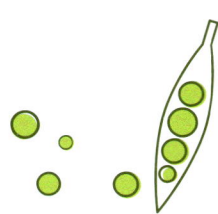

Forellenfilets mit Kräuter-Parmesankruste und Drillingen

- 500 g Drillingskartoffeln
- 400 g Forellenfilets
- 1 Zitrone
- 4 EL Butter
- je 1 TL gehackte Petersilie, Bärlauch, Schnittlauch, Brennnessel
- 3 EL geriebener Parmesan
- 1 EL Semmelbrösel
- Salz, Pfeffer

1. Forellenfilets kalt abspülen, abtupfen, salzen sowie pfeffern und in einer Auflaufform bereitlegen. Dann Kräuter waschen und hacken, Zitrone abreiben und auspressen.

2. Butter schmelzen. Parmesan mit Kräutern, Zitronenschale, Paniermehl und Butter mischen. Die Filets mit Panade bestreichen, Zitronensaft drumherum gießen und im Backofen ca. 20 min backen. Butterforelle mit in Salzwasser gekochten Drillingskartoffeln servieren. Dazu passen frische Erbsen mit Petersilie.

Schätze aus Wald & Wiese

Die Natur vor der eigenen Tür hat viel zu bieten: Frische Kräuter und wohlschmeckende Wiesenfrüchte aus gutem Boden warten nur darauf, kostenlos gesammelt zu werden. Oft herrscht zunächst Verunsicherung, welche Kräuter in der freien Natur, vor allem auch in der Stadt, gesammelt werden können, ob sie tatsächlich essbar sind und wie sie weiterverwendet werden können. Dieses Fastenbuch lädt bewusst dazu ein, die gesunde Kraft aus der Natur zu entdecken und in der Küche zu verwenden. Dabei wurden Wildkräuter ausgewählt, die leicht zu finden und einfach zu verarbeiten sind.

Achten Sie beim Sammeln von Wildkräutern und -blumen stets darauf, dass ihre Sammelstelle möglichst weit von einer Straße entfernt ist, diese nicht zu stark durch Düngemittel, Hundekot oder Müll verunreinigt ist und die Pflanze, von der Sie sammeln, gesund und kräftig aussieht. Beachten Sie, welche Bestandteile Sie brauchen und was tatsächlich verwendbar ist. Es ist nützlich, sich vorher zu belesen, in welchem Fall es „falsche" Zwillinge der Pflanzen gibt (Bärlauch und Maiglöckchen, Gänseblümchen und Margarite, Giersch und Engelwurz, Brunnenkresse und Bitteres Schaumkraut) und sich das genaue Erscheinungsbild der Pflanze gut einzuprägen.

Im Zweifel gilt immer: Die Gesundheit geht vor, dann verzichten Sie auf die Verwendung der Pflanze. In diesem Buch wurde versucht zu berücksichtigen, dass die Wald- und Wiesenfrüchte im Frühjahr regional im städtischen und ländlichen Raum gesammelt werden können, allerdings ist die Natur in ihrem Wachstum nicht immer gleich weit.

Einige der Wildkräuter können durch im Supermarkt erhältliche Pflanzen ersetzt werden z. B. Wilde Rauke durch Rucola, Quendel durch Thymian, Brunnenkresse durch herkömmliche Kresse. Andere können im gut sortierten Biomarkt käuflich erworben werden z. B. Giersch, Borretsch, Sauerklee.

Bei den meisten Wildkräutern empfiehlt es sich, die noch jungen Pflanzen zu sammeln, z. B. schmecken Gänseblümchen, die schon viele Rosetten ausgetrieben haben, leicht bitter, während junge, einzelne Pflanzen leicht zitronig schmecken. Beachten Sie auch, dass das Aroma der Wilden Rauke, von Quendel und das anderer Kräuter ebenfalls nach der Blüte bitter wird.

Es gibt aber auch Kräuter, bei denen die Blüten das Highlight sind, z. B. bei der Primel oder aber bei der Gundelrebe (Gundermann). Diese haben dann oft ein süßliches Aroma und sind zudem noch sehr dekorativ.

Bibliografische Information der Deutschen Nationalbibliothek
Die Deutsche Nationalbibliothek verzeichnet diese Publikation in der Deutschen Nationalbibliografie;
detaillierte bibliografische Datensind im Internet über http://dnb.d-nb.de abrufbar.

Die Rezepte dieses Buches wurden nach bestem Wissen und Gewissen erarbeitet und sorgfältig geprüft. Dennoch kann eine Garantie nicht übernommen werden. Eine Haftung des Verlages oder seiner Beauftragten für Personen-, Sach- oder Vermögensschäden ist ausgeschlossen. Sofern in diesem Buch eingetragene Warenzeichen, Handelsnamen und Gebrauchsnamen verwendet werden, auch wenn diese nicht als solche gekennzeichnet sind, gelten die entsprechenden Schutzbestimmungen.

Bildnachweis

Cover: © stock.adobe.com/Lumixera (unten); stock.adobe.com/Brebca (rechts, oben); Beliphotos/shutterstock (links, oben); S. 6: © stock.adobe.com/AVTG; S. 10: © stock.adobe.com/Kathleen Rekowski; S. 11: © Cesarz/shutterstock; S. 12: © stock.adobe.com/Ralf Kabelitz;S. 13: © stock.adobe.com/Africa Studio S. 15: © mauritius images/foodcollection_Maricruz Avalos Flores; S. 16: © stock.adobe.com/Lumixera; S. 17: © stock.adobe.com/annabell2012; S. 18: © Brett/shutterstock; S. 19: © stock.adobe.com/zi3000; S. 20: © stock.adobe.com/Katrinshine; S. 22: © Beliphotos/shutterstock; S. 23: © stock.adobe.com/HLPhoto; S. 24: © stock.adobe.com/Madeleine Steinbach; S. 25: © stock.adobe.com/Vasiliy; S. 26: © stock.adobe.com/Brebca; S. 27: © stock.adobe.com/Magdalena Bujak; S. 28: © Oksana Mizina/shutterstock S. 29: © stock.adobe.com/nikolaydonetsk; S. 30: © stock.adobe.com/Lukas Gojda; S. 31: © stock.adobe.com/nikolaydonetsk; S. 33: © margouillat photo/shutterstock; S. 34: © stock.adobe.com/Svetlana Kolpakova; S. 35: © stock.adobe.com/O.B.; S. 36: © stock.adobe.com/Jan; S. 37: © elena_hramowa/fotolia S. 38: © stock.adobe.com/marcin jucha; S. 39: © stock.adobe.com/fahrwasser; S. 40: © stock.adobe.com/eflstudioart; S. 41: © jeepbabes/fotolia S. 43: © marysskin/fotolia, S. 44: © stock.adobe.com/Volodymyr Shevchuk; S. 45: © stock.adobe.com/MariaKovaleva; S. 46: © stock.adobe.com/zoryanchik; S. 48: © stock.adobe.com/yuliyagontar; S. 49: © stock.adobe.com/nesavinov; S. 51: © stock.adobe.com/deraugenzeuge; S. 52: © stock.adobe.com/Generalnie; S. 53: © Lunov Mykola/shutterstock.com; S: 54: © Angela/fotolia; S. 55: © kab-vision/fotolia; S. 56: © stock.adobe.com/AR; S. 57: © stock.adobe.com/FomaA; S. 58: © Joerg Lantelme/shutterstock; S. 61: © stock.adobe.com/sonne_fleckl (Bärlauch); © stock.adobe.com/FotoHelin (Borretsch); © stock.adobe.com/Melica (Brennnessel); © stock.adobe.com/Ildi (Brunnenkresse); © stock.adobe.com/Marina Lohrbach (Gänseblümchen); © stock.adobe.com/goldbany (Giersch); © stock.adobe.com/emilio100 (Gundermann); © stock.adobe.com/ileana_bt (Hirtentäschel); © stock.adobe.com/oxie99 (Hornveilchen); © stock.adobe.com/Printemps (Kerbel); © stock.adobe.com/Unpict (Löwenzahn); © stock.adobe.com/Ivan (Mairitterling); © stock.adobe.com/ecoplus (Quendel); © stock.adobe.com/Harald Biebel (Rauke); © stock.adobe.com/JOE LORENZ DESIGN (Sauerampfer); © stock.adobe.com/dina (Waldsauerklee).

Wir danken den genannten Inhabern von Bildrechten für die freundliche Erteilung der Abdruckgenehmigung. Der Verlag hat sich bemüht, alle Rechteinhaber in Erfahrung zu bringen. Für zusätzliche Hinweise sind wir dankbar.

Besuchen Sie uns im Internet:
www.st-benno.de

Gern informieren wir Sie unverbindlich und aktuell auch in unserem Newsletter zum Verlagsprogramm, zu Neuerscheinungen und Aktionen. Einfach anmelden unter www.st-benno.de.

ISBN 978-3-7462-6294-9

© St. Benno Verlag GmbH, Leipzig
Zusammenstellung: Claudia Michels und Lanah Sanchez Venteo, Leipzig
Umschlaggestaltung: Rungwerth Design, Düsseldorf
Gesamtherstellung: Arnold & Domnick, Leipzig (A)